LK. 863.

NOTICE HISTORIQUE

SUR

NOTRE-DAME DE BEAUVAIS

PRÈS BUZANÇAIS (INDRE).

Se vend avec un billet de loterie **40** centimes,
Chaque objet pris séparément 25 centimes.

AU PROFIT D'UNE BONNE ŒUVRE.

PARIS
IMPRIMERIE WALDER, RUE BONAPARTE, 44.

1856

Avis.

Loterie pour la construction d'une chapelle en l'honneur de Marie, à Beauvais (Indre).

PRIX DU BILLET : **25** CENTIMES.

Le porteur de la Notice est chargé de placer des billets ou d'en faire parvenir aux personnes qui désirent contribuer à la construction de la chapelle de Notre-Dame de Beauvais.

On recevra avec reconnaissance les dons particuliers et on priera aux intentions des donataires.

NOTICE HISTORIQUE

SUR

NOTRE-DAME DE BEAUVAIS.

Sur un petit monticule que remarque le voyageur sur la rive droite de la route impériale de Tours à Clermont, à un kilomètre environ de la rivière d'Indre et à égale distance de la petite ville de Buzançais, dans l'arrondissement de Châteauroux, département de l'Indre, est situé un petit hameau connu sous le nom de Beauvais.

Depuis près de soixante ans cette belle campagne est habitée et cultivée par une vertueuse famille plus recommandable par sa probité et son attachement à la religion catholique, que par les avantages de la fortune, mais assez aisée cependant, pour répandre sur quelques pauvres de la localité la douce influence d'une bienfaisante charité.

Cette famille a en garde un dépôt sacré de reliques précieuses (de saint Etienne, le premier des martyrs) dont elle sait entretenir le culte par ses soins et sa vigilance pour le décor d'un petit oratoire spécialement dédié à la bienheureuse Vierge Marie(1).

Trop modeste et trop étroite, cette petite chapelle de Marie ne peut contenir (intrà muros), dans l'attitude édifiante de la prière, qu'un très-petit nombre de fidèles.

A certains jours de l'année, au commencement de la belle saison, pendant tout le cours du moi de mai, l'oratoire de Beauvais devient insuffisant pour le concours de personnes pieuses qui viennent en pèlerinage offrir l'hommage de leur cœur, solliciter une grâce particulière et demander un secours spirituel à la Vierge de Beauvais, invoquée avec succès par les jeunes mères de famille, sous le nom de Mère de Miséricorde.

La veille de l'Ascension, le clergé de la paroisse de Saint Etienne de Buzançais termine les prières publiques appelées Rogations par une station à Notre-Dame de Beauvais. Après une longue proces-

(1) On y vénère aussi, comme patrons secondaires, les deux apôtres saint Philippe et saint Jacques, dont la fête est le 1er mai.

sion à travers les champs et les prairies, l'étendard sacré, et la croix de paroisse, s'arrêtent au pied d'un petit autel en gazon dressé au pied d'une croix en bois, et le pasteur bénit son peuple, la famille de Beauvais et ses campagnes ; on invoque de loin la Mère de Miséricorde, parce que les pieux assistants ne trouveraient pas une place dans son petit oratoire.

Pour entretenir l'autel de Marie, la famille n'a pas d'autres ressources que l'obole des pèlerins. Aussi, tout est champêtre et rustique dans ce petit monument de la Reine du Ciel, un autel en bois, la statue de la Vierge, le reliquaire de saint Etienne (1), et dans une petite cavité du mur la statue du bienheureux Honoré, patron secondaire de Buzançais, sa ville natale; aucun ornement, point de formes élégantes, rien qui attire les regards : Oh ! Marie n'a vraiment là que la gloire qui lui vient d'en haut ! . . . .
Les réparations rares et insuffisantes ne font que retarder d'un instant la chute

(1) Le reliquaire a la forme d'un bras, et la précieuse parcelle est posée dans le creux de la main sous une petite verrine.

d'un toit menacé d'une ruine prochaine, et pour des cœurs sincèrement religieux, la ruine d'un édifice chrétien, l'abandon d'un autel et la solitude qui succède au concours des fidèles, sont des sujets bien naturels de tristesse et d'alarme.

Il faudra s'y résigner pourtant, si la Providence ne vient seconder l'ardent désir des habitants.

En attendant, leur piété souffre et leur cœur n'aura point de repos, tant qu'une nouvelle chapelle plus vaste, plus élégante et mieux ornée ne sera pas élevée à la place de l'antique oratoire.

Consolez-vous et espérez !...... Un jour peut-être la divine Providence, dont les trésors sont cachés jusque dans les entrailles de la terre, secondera tant de pieux desseins.

« Consolez-vous, mes enfants, disait
« quelques années avant sa mort une
« vieille dame, doyenne de la famille,
« dont la tête était pleine d'intéressants
« souvenirs ;

« Consolez vous, ayez confiance, peut-
« être la terre que nous habitons porte
« dans son sein plus d'or et d'argent
« qu'il nous en faudrait pour recon-

« struire tout le hameau avec la cha-
« pelle de la Vierge. »

Est-il possible! s'écrièrent à la fois
tous les enfants ; oh! grand'mère, si
c'était vrai !

« Je n'en demande qu'autant qu'il en
« faudrait pour construire une chapelle,
« disait mademoiselle Euphémie. »

« Pour moi, je ne demanderais que
« quelques centaines de francs, ajoutait
« mademoiselle Anna, sa cousine : s'il y
« avait assez d'argent pour commencer
« les travaux, peut-être bien quelques
« âmes charitables nous aideraient pour
« les finir! »

Ainsi chacune, comme la laitière de la
fable, employait son argent et formait
les plus beaux projets.

« Pauvres enfants! disait le père d'Eu-
« phémie, compter là-dessus pour la
« construction de votre chapelle, c'est
« bâtir des châteaux en Espagne. »

— « Ecoutez, poursuivait la grand'-
« mère, qui souffrait déjà de cette inter-
« ruption ; — « Beauvais n'a pas tou-
« jours été ce petit hameau que vous
« voyez aujourd'hui : les anciens m'ont
« raconté qu'autrefois Beauvais était une

« commanderie, habitée par de riches
« et puissants chevaliers dont les uns
« étaient prêtres, les autres guerriers :
« la commanderie de Beauvais dépendait
« d'une autre commanderie plus impor-
« tante, celle du Blizon, près Mézières
« en Brenne. Au-dessus du portique de
« l'ancienne chapelle était la chambre
« du commandeur. Ces gens-là étaient
« riches, très-riches (1) et l'on a toujours
« dit qu'ils avaient dans les environs,
« entre Mézières et Buzançais, quatre-
« vingt-dix-neuf domaines.
« Villevassol, la Châtonnière, le grand

(1) L'histoire fait mention des commanderies du Blizon et de Beauvais; c'étaient de ces fameux chevaliers du Temple ou Templiers, dont les richesses excessives excitèrent la jalousie du roi de France Philippe le Bel; à une certaine époque ils comptaient en Europe jusqu'à neuf mille maisons. Ils portaient l'habit blanc et une croix sur leurs manteaux. Leur chef avait le nom de grand-maître : leurs possessions territoriales se divisaient en grands-prieurés, prieurés et commanderies. Ils rapportèrent de leurs expéditions en Asie un butin très-considérable, qu'un historien évalue à plusieurs milliers de florins en or et en argent, à la charge de dix mulets. Le 13 octobre 1307, tous les Templiers qui se trouvaient en France, furent arrêtés à la fois; un grand nombre d'entre eux périrent dans les flammes, et on envoya des troupes dans leurs maisons pour s'emparer de leurs biens, que le roi Philippe avait confisqués.

« et le petit Chavanton, Jarrienne, la
« Tragnais, les Perrières, Embray, Lau-
« nay, Esnard, Boulais, Villemont, la
« Roche, le Châtelet, la Porte, le grand
« et le petit Brispail, la Popaudière,
« etc. (1), devaient dépendre, sans doute,
« de la commanderie de Beauvais.

« Lorsque nous vînmes habiter Beau-
« vais, il y a de cela bientôt soixante ans,
« il existait encore quelques restes de
« ruines et quelques fragments du mur
« d'enceinte, un vieux clocher et un
« escalier dérobé par lequel on descen-
« dait sans être aperçu dans quelque
« chambre secrète où devait être caché
« le trésor commun ; car, à cette époque,
« ceux qui avaient quelques écus en
« caisse les tenaient soigneusement ca-
« chés. En prenant possession de la

(1) On peut consulter, pour connaître les détails :
1° *Histoire des ordres militaires et des ordres de chevalerie*, in-12, 1697 ; par Jean Hermant.
2° *Dissertations sur la chevalerie ancienne et moderne*, in-4°, 1718 ; par le P. Honoré de Sainte-Marie.
3° *Histoire apologétique des Templiers*, 2 vol. in-4° ; par le P. Lejeune.
4° *Les monuments historiques relatifs à la condamnation des chevaliers du Temple*, par Raynouard.
5° *Histoire du Berry*, in-12 ; par le P. Labbe.
6° *Histoire du Berry*, in-4°, 2 vol. ; par Rainal.

« vieille commanderie, mon mari songea
« à préparer une habitation appropriée
« à l'usage qu'il en voulait faire. Alors,
« presque tous les débris disparurent
« pour former un vaste emplacement.
« Un ouvrier maçon fit alors sa fortune
« en un jour, car on assure qu'il trouva,
« en démolissant un vieux mur, un pot
« de terre contenant quelques mille
« francs d'ancienne monnaie. On avait
« donc caché de l'argent à Beauvais; eh
« bien, n'aurait-on pas maintenant quel-
« que raison de croire que l'on puisse
« trouver un jour une somme bien plus
« considérable?... Ayez donc confiance,
« mes enfants, Dieu ne laissera pas con-
« sumer par la terre une matière dont
« on pourrait faire un si saint usage. »

« — En attendant, dit une dame de la
« compagnie, on devrait faire remuer la
« terre, car cet argent ne se trouverait
« pas tout seul : il faut chercher si l'on
« veut trouver. »

« — En attendant, dit son mari, il
« faut travailler, cultiver ce fonds qu'on
« croit si riche, et vivre d'économies. Le
« meilleur trésor pour nous, comme
« pour tout le monde, est dans le tra-
« vail et dans l'industrie. »

Le récit de la grand'mère avait sensiblement agi sur l'imagination de toutes les personnes de l'auditoire. Depuis ce temps, on ne pensait plus qu'au trésor caché, et ce trésor a donné matière au songe peut-être le plus riche et le plus attrayant que l'on ait jamais fait sous l'inspiration du sommeil : on voyait tout, on admirait tout; mais ce beau songe eut le résultat commun à tous les songes : tout disparut avec les ombres de la nuit.

Sans la nouvelle chapelle qui était toute l'ambition de cette famille, on s'en serait bien tenu là; mais, avec le temps, le petit oratoire s'affaissait, et il fallait choisir entre de grosses réparations et une construction nouvelle.

Le plan d'une nouvelle chapelle fut tracé; une somme fut fixée, et, pour la réunir, il fut décidé qu'une loterie serait faite, et que le prix des billets, pour être à la portée de toutes les bourses, serait taxé à vingt-cinq centimes.

Déjà grand nombre de beaux lots sont préparés par quelques membres de la famille; quelques billets se sont placés, mais en petit nombre, parce que malheureusement le but de cette bonne œuvre n'est pas compris de toutes les personnes charitables.

Tout récemment, la famille de Beauvais eut connaissance de quelques révélations extraordinaires données par une somnambule.

Après avoir pris conseil auprès de quelques personnes éclairées, la somnambule fut consultée sur le trésor de Beauvais. Elle répondit par une parfaite description des lieux dans un sens analogue au récit de la grand'mère, et donna plusieurs révélations dont l'événement seul prouvera la véracité.

Cette démarche de la part de la famille de Beauvais pourait être taxée de cupidité, d'avarice et de passion pour l'argent : mais Dieu connaît son désintéressement et ses pieuses intentions; Dieu, qui voit jusqu'au fond des cœurs, sait que toutes ces démarches n'ont pas d'autre but que la construction d'un nouvel oratoire en l'honneur de Marie, qui mérite un nouveau tribut d'honneur, maintenant qu'elle a été proclamée solennellement la Vierge Immaculée.

Mademoiselle Euphémie, sa cousine mademoiselle Anna et toute leur famille, comptent avant tout sur l'aumône des fidèles et sur la générosité des personnes charitables qui ne manqueront pas à leur appel.

C'est pour mieux faire connaître leurs désirs et leurs projets qu'a été imprimée cette petite notice, ouvrage d'une personne qui, de loin, s'associe aux pieuses intentions de la famille de Beauvais. Puissent-elles heureusement réussir! c'est tout ce qu'elles demandent à Jésus et à Marie.

LITANIES

DE NOTRE-DAME DE BEAUVAIS.

Jésus-Christ, écoutez-nous.
Jésus-Christ, exaucez-nous.
Jésus, fils de la Vierge Marie, ayez pitié de nous.
Trinité sainte, qui êtes un seul Dieu, ayez pitié de nous.
Sainte Marie, mère de Dieu, priez pour nous.
Notre-Dame du mont Carmel, priez pour nous.
Notre-Dame des Victoires, priez pour nous.
Notre-Dame de la Merci, priez pour nous.
Notre-Dame de Liesse, priez pour nous.
Notre-Dame de Lorette, priez pour nous.

Notre-Dame de Fourvières, priez pour nous.
Notre-Dame du Hamel, priez pour nous.
Notre-Dame du Puy, priez pour nous.
Notre-Dame de Bondeville, priez pour nous.
Notre-Dame de la Salette, priez pour nous.
Notre-Dame de Chartres, priez pour nous.
Notre-Dame de Namur, priez pour nous.
Notre-Dame de Sion, priez pour nous.
Notre-Dame des Alpes, priez pour nous.
Notre-Dame des Neiges, priez pour nous.
Notre-Dame des Blancs-Manteaux, priez pour nous.
Notre-Dame la Major, priez pour nous.
Notre-Dame la Secourante, priez pour nous.
Notre-Dame la Riche, priez pour nous.
Notre-Dame de Grâce, priez pour nous.
Notre-Dame de Miséricorde, priez pour nous.
Notre-Dame de tout remède, priez pour nous.
Notre-Dame des Vertus, priez pour nous.
Notre-Dame d'Espérance, priez pour nous.
Notre-Dame de Bon-Secours, priez pour nous.
Notre-Dame de Bonne-Nouvelle, priez pour nous.
Notre-Dame de la Garde, priez pour nous.
Notre-Dame des Ermites, priez pour nous.
Notre-Dame des Anges, prier pour nous.
Notre-Dame du Grandchamp, priez pour nous.
Notre-Dame du Frêne, priez pour nous.

Notre-Dame de la Treille, priez pour nous.
Notre-Dame de Pouligny, priez pour nous.
Notre-Dame du Pont, priez pour nous.
Notre-Dame d'Argenton, priez pour nous.
Notre-Dame de Déols, priez pour nous.
Notre-Dame de Beauvais, priez pour nous.
Saint Jacques et saint Philippe, patrons secondaires de Beauvais, priez pour nous.
Saint Etienne et saint Honoré, patrons de la paroisse de Buzançais, priez pour nous.
Saint Sylvain, priez pour nous.
Saint Sulpice, priez pour nous.
Saint Gauthier, priez pour nous.
Saint Génitour, priez pour nous.
Saint Martin, priez pour nous.
Saint Ursin, priez pour nous.
Cœur sacré de Jésus, ayez pitié de nous.
Cœur immaculé de Marie, intercédez pour nous.

℣. Priez pour nous, Vierge de Beauvais.
℟. Pour que nous soyons dignes des promesses de Jésus-Christ.

Souvenez vous, ô très-pieuse Vierge Marie, qu'on n'a jamais entendu dire qu'aucun de ceux qui ont eu recours à votre protection, imploré votre assistance et réclamé votre secours aient été abandonnés. Animé d'une pareille confiance, ô Vierge des vierges et notre mère, je cours et je viens vers vous, et, gémissant sous le poids de mes péchés, je me prosterne à vos pieds. O Mère du Verbe, ne méprisez pas mes prières, mais écoutez-les favorablement et exaucez-les. Ainsi soit-il.

O Vierge de Beauvais, ma Mère et ma patronne, je me jette avec confiance dans le sein de votre miséricorde et je vous recommande mes parents, mes amis, mes ennemis; les pécheurs, les malades, les affligés et les morts. Je vous recommande plus particulièrement tous les bienfaiteurs de cette église qui vous est consacrée, la paroisse de Buzançais, son pasteur et tous ceux qui nous dirigent dans la voie du salut. Soyez, ô Mère pleine de bonté, notre refuge dans nos besoins, notre consolation dans nos peines et notre avocate auprès de votre Fils, aujourd'hui, tous les jours de notre vie, et surtout à l'heure de notre mort. Ainsi soit-il.

PRIÈRE DES PÈLERINS.

Pour le premier jour de Mai.

O Vierge de Beauvais, du haut du ciel où vous régnez, agréez mes hommages, exaucez mes prières et toutes celles de vos serviteurs et de vos servantes que la confiance en votre miséricorde amène à vos autels, au premier jour de ce beau mois qui vous est consacré. Bénissez nos familles, nos biens, tous les fruits de la terre et multipliez vos bienfaits parmi tous vos enfants, ô vous que Jésus mourant nous a donnée pour Mère. Ainsi soit-il.

Paris. — Imprimerie Walder, rue Bonaparte, 44.

www.ingramcontent.com/pod-product-compliance
Lightning Source LLC
Chambersburg PA
CBHW061612040426
42450CB00010B/2454